Ingeborg Bauer

Spiegel innerer Räume

Lyrik zu Bildern
von
Paul Klee

Ingeborg Bauer

Spiegel innerer Räume

Lyrik zu Bildern
von
Paul Klee

Bibliografische Information der Deutschen Nationalbibliothek:
Die Deutsche Nationalbibliothek verzeichnet diese Publikation in der
Deutschen Nationalbibliografie; detaillierte bibliografische Daten sind im
Internet über < http://dnb.d-nb.de > abrufbar.

© 2012 Ingeborg Bauer
Herstellung und Verlag: Books on Demand GmbH, Norderstedt
ISBN: 978-3-8448-1601-3

Inhalt

Paul Klee, Abend im Tal, 1932

Stadtlandschaft:

Paul Klee, Ein Blatt aus dem Städtebuch, 1928, 46
Paul Klee, betroffene Stadt, 1936, 22
Paul Klee, Revolution des Viaduktes, 1937
Paul Klee, Das gelbe Haus, 1914, 26 und
August Macke, Das helle Haus II, 1914
Paul Klee, Abfahrt der Schiffe, 1927, 140.2

Ägypten:

Paul Klee, Gestirne über dem Tempel, 1922, 58
Paul Klee, Eros, 1923, 115
Paul Klee, Monumente an der Grenze des
        Fruchtlandes, 1929, 40
Paul Klee, Denkmäler bei G., 1929
Paul Klee, Felsenkammer, 1929,123
Paul Klee, Legende vom Nil, 1937, 215 (Umschlagbild)
Paul Klee, Ad Parnassum, 1932, 274
Paul Klee und Ägypten
Paul Klee, Zerstörtes Ägypten, 1924
Ägypten

Zeichen / Schrift:

Paul Klee, ABC für Wandmaler, 1938, 320
Paul Klee, Structural I, 1924, 125
Paul Klee, Geheime Schriftzeichen, 1937
Paul Klee, Zerstörtes Labyrinth, 1939, 346
Paul Klee, Junge Pflanzung, 1929, 98
Paul Klee, Einst dem Grau der Nacht
        enttaucht ... , 1918, 17
Paul Klee, Geheime Schriftzeichen, 1937
Paul Klee, Metaphern des Lebens

Kind:

Paul Klee, Der gefundene Ausweg, 1935, 98
Paul Klee, Büste eines Kindes, 1933, 380
Paul Klee, Werdende Landschaft, 1928,148
Paul Klee, Wachstum regt sich, 1938, 78
Paul Klee, Hilferuf, 1932,130
Paul Klee, Schande, 1933, 15
Paul Klee, Angstausbruch (III), 1939
Paul Klee, Grausames Erlebnis, 1933, 51
Paul Klee, Der Schlüssel (Zerbrochener Schlüssel), 1938, 136
Paul Klee, Mädchen in Trauer, 1939, 1130
Paul Klee, Der gefundene Ausweg, 1935, 98

Engel:

Versuch einer Annäherung
Klees Figuren - sowohl als auch
Zu den Engeln von Paul Klee
Paul Klee, Nochmals hoffend, 1938
Klees Engel zwischen
    federleicht und erdenschwer –
    Rilkes Anrufung
Paul Klees späte Engel

Haiku ist eine japanische Strophenform,
die sich aus Zeilen der Silbenfolge: 7-5-7
zusammensetzt.

Tanka ist eine japanische Strophenform,
die sich aus Zeilen der Silbenfolge: 7-5-7-7-7
zusammensetzt. Haiku ist die aus dem
Tanka entstandene Kurzform.

Aus der Dämmerung
– der subjektive Blick

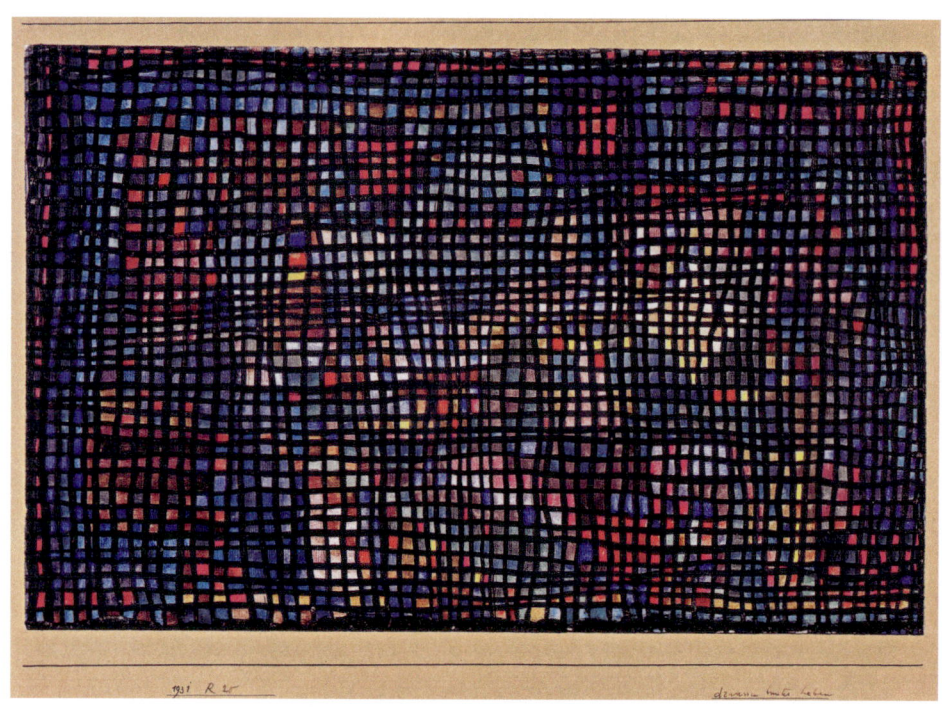

Paul Klee
Draußen buntes Leben
1931

Ein Vorhang aus lockeren Fäden
ein in Bewegung geratenes Gitter
der Blick aus der schwarzen Burka
in das kaleidoskopisch verzerrte Bild
einer bunten Welt. – Die Blicke des
Neugeborenen und des Sterbenden
mögen sich so zum Kreis schließen
und all die Momente der Verblendung
aus Eigen-Sinn und aus einem Versagen
der Kräfte, dem Einbruch von Schicksal:
Das bunte Leben draußen wird
erfasst von unserem begrenzten Blick.

Paul Klee
ein Fetzen Gemeinschaft
1932, 262

Sackleinen, Jute –
Klee spricht von einem Fetzen
blaugrau grundiert
ausgefranst
nicht für die Ewigkeit –
wenige Linien
schaffen pastellfarbene Flächen
die zusammen mit drei schwarzen
Punkten rudimentäre Gesichter
vorgaukeln, frontal und im Profil
unterschiedlichen Ansichten
zugewandt, und doch kommt es
zu dieser Verbundenheit
auf dieser blau getönten Insel
im Meer der ausufernden
Beliebigkeit.

Paul Klee
Disput
1929, 232

Alles nur Geometrie –
eckig und kantig die Disputanten
in ihrer Konfrontation
selbst die kleinen roten Augen –
allein die Strichmännchenbeine
in Rot und Blau bewegen sich
zögerlich aufeinander zu.
Was verhandelt wird
erscheint von unterschiedlicher
Bedeutung für jeden von beiden
doch begegnet man sich
fast auf Augenhöhe.
Noch ist nichts entschieden.
Der Disput steht auf der Spitze
man trifft sich in der Mitte –
noch ist keine Entscheidung gefallen.
Es wird verhandelt auf blauem Grund.

Paul Klee
Uebermut
1939, 1251

Über-Mut
geht über den Mut hinaus
freut sich am Extremen.
Übermut verlässt das Aufrechte
ohne die Aufrichtigkeit aufzugeben
versucht sich in neuen Haltungen
Halterungen
ohne den Halt zu verlieren –
eine neue Balance schaffen
eine neue Geschichte erzählen
und in gelassenem Gleichmut
das Gleichgewicht haltend
über die Schwelle springen
zu neuer Erkenntnis.

Paul Klee
Vorhaben
1938

Der Mensch im goldenen Schnitt
zwischen olivgrüner Vergangenheit
die durch scharfe Konturen begrenzt
sich der figurativen Metapher bedient.
Nur der Baum, das Bleibende
dringt ans Ohr. Was gewesen
hat verkürzt und chiffriert
Gestalt angenommen.
Nach vorn aber erscheint die Welt
offen, vage und ungewiss.
Doch werden die Vor-Zeichen
in komplementärem roten Ton
mutig angegangen.
Allein das eine blaue Auge
kennzeichnet den Augenblick
zwischen dem, was war
und was werden könnte.

Paul Klee
Zimmerperspective
mit der dunklen Tür
1921, 23

Übergroß und mächtig
das Maß meiner Wohnung
übersteigend und
das menschliche Maß –
die Tür stets verschlossen
und auch wenn ich mich
im Hellen aufhalte
zwischen den Dingen
die mein Leben ausmachen
bleibt sie dort im Dunkel
und ich werde auf sie zugehen
wenn die Zeit gekommen ist
ohne zu wissen wohin sie führt.

20

Paul Klee
Blick aus der Dämmerung
1938, 142

ein Gesicht
das dich anblickt
durch einen Spiegel
in einem dunklen Wort
chiffriert
verkürzt
verknappt
vertieft
bis du dich
selber darin erkennst
und deine Trauer
um die Endlichkeit
deines Seins

dieser Stern lehrt beugen

22

Paul Klee
dieser Stern lehrt beugen
1940, 344

unter einem guten Stern
steht eine Entscheidung
wenn Leben gelingen will
wenn Rettung sich vollzogen
unter einem anderen Stern
spürst du das Schwert im Nacken –
wirst du dich dann demütig
in dein Schicksal fügen
die Sternensaat annehmen
oder aber aufbegehren
unter dem tiefen Blau der Nacht?

Erinnerung – die verblauende Zeit

Paul Klee
die Zeit
1933, 281

Die Zeiger der Uhr
sind der Willkür unterworfen.
Erlebte Zeit ist kaum festzuhalten
auf den Zifferblättern der Tage.

24

Paul Klee
Wochenende am Wasser
1935, 112

Dunst liegt am Morgen
über dem See
türkisfarben, matt gläsern
ruht er, sich selbst genug
ein Traum von Sommer
weht über allem –
sanft und distanziert
die Erinnerungen
wie in Sepia getauchte
Fotografien, deren Unschärfe
erst eigentlich Assoziationen
weckt und doch ihr Geheimnis
im Spiegel spiralförmiger
Innenräume verwahrt.

Paul Klee
Der Graue und die Küste
1938,125

Das Land streckt seine blauen Zungen
in den See – der Mensch blickt hinab
in die verblauende Zeit –
Vergangenheiten leicht und schwer
verdichten sich und verblassen –
ein Leben in wechselndem Atem
zu Zeichen verkürzt, zu Gefühlen
anschwellend, ein Spiegel
verworrener Bilder und
Splitter im wunden Auge.

Landschaft – als Noten einer Partitur

Paul Klee
Landschaft im Paukenton
1920, 176

Landschaft mit Bäumen
Noten einer Partitur
grün, gelb und braun
wobei das Warme und Helle
überwiegt – bis die Notation
entgleitet, sich bläht, aufwirft
und in einem Paukenschlag endet
getragen vom strudelnden
Beifall der Instrumente.

30

Paul Klee
Landschaft mit Accenten
1934, 195

Eine Landschaft aus Zweigen
Verästelungen mit Blättern
wie kleinen Vögeln, wobei
die Linien sich wie im Vexierbild
in Landschaftskonturen
verwandeln – Mauerschau
in glitzernd blaue Seen –
am Horizont ein Haus
in der Größe einer roten Frucht
und im Zentrum der Hügel
der durch die schwarze Pupille
zur Braue sich wandelt und
den menschlichen Blick
ins Bild bringt.

Paul Klee
Paysage à l'enfant
1923

Herbstliches Dämmern
draußen bringt die inneren
Räume zum Leuchten.
Das Feuerwerk des fallenden Laubs
verglüht nächtlich im Schatten.

(Tanka)

Paul Klee
Polarlandschaft
1920, 128

Die Linie schafft Fläche
moduliert den Raum
die Form füllt sich
mit farbigen Klängen
und das Auge
schafft eine Landschaft
aus Eis und spiegelt
den erinnerten Traum.

34

Paul Klee
(im stil von kairouan,
ins gemäßigte übertragen)
1914, 211

Nicht Kairouan
und doch die Elemente
die farbigen Klänge
das rhythmische Verfugen
ein Umsetzen in Kubisches
die Akzentuierung im Kreis –
die Tonalität von bewässertem
Land und die Erdfarben
der Steppe, der Wüste
gemäßigt, zur Ikone
verdichtet
musikalisch gefasst.

Paul Klee
Der Bote des Herbstes
1922

Farben in allen Schattierungen
bis hin in die völlige Dunkelheit –
das Grün zurückgenommen
durch den verschleiernden Dunst –
Nebelhelligkeit mit fahlem
Sichelmond, ein wenig Braun
und das leuchtende Orange
des Sonnenbaums –
ein Augenblick des Aufglühens
vor dem Erlöschen.

Farbige Schatten
lösen sich aus dem Nebel –
Morgenlicht vibriert
in hellem Pastell –
nur der Ackerboden
behauptet Schwere
unter der schmalen Sichel
des Mondes – all dies nur Kulisse
für den Sonnenbaum und
den Augenblick des Aufglühens
vor dem Erlöschen.

Paul Klee:
Landschaft der Vergangenheit
1918

Weiß-blaue Winternacht
mit fahlem Mond
Wärme steigt
aus den Dächern
in Traumblumen
erwachen Kindertage
Sommer- und Winterfreuden –
im Kreisen von Sonne und Mond
das sich rundende Jahr
Lebensjahre
Mondknospen
Sonnenblüten
Erntedank.

Paul Klee
Landscape of the past
1918

Winter has fallen on the land.
A pale moon rises on a still bluish sky
and lightens the air. Red roofs
radiate warmth. Frost has illuminated
the trees and while the churchbells
are ringing you remember
your childhood days, the pleasures of
summer and winter and
you go the whole circle
the seasons and years of your life:
budding moon
blossoming sun
thanksgiving.

Paul Klee
Wintersonne
1938, 413

Eisblumen – frostige
Chiffren - selbst die Sonne
fröstelt ins Blaue.

(Haiku)

Tageszeiten – Baummelodien

Paul Klee
Kleine rhythmische Landschaft
1920, 216

Fröhlich hüpfen die Noten
über das Blatt und farbige Klänge
gleiten über die Höhenlinien.
Mond und Sterne küssen des Nachts
die Baumkronen und flüstern ihnen
immer aufs Neue die alten kosmischen
Weisen ins geduldig lauschende Ohr.

Paul Klee
Scheidung Abends
1922

Die hereinbrechende Nacht
trennt die Farben in warm und kalt.
Während das Dunkel der Nacht
sich auf die Erde legt
steigt die Wärme des Tages
hinauf ins All: auch hier wird ein Bogen
geschlagen, ein Kreis geschlossen
die Existenz unserer Erde besiegelt.

Paul Klee
Feuer Abends
1929

Dominanz der Landschaft am Abend:
eine von Sonnenwärme überflutete Ebene
fällt ins Dunkel einer erblassten Farbigkeit.
Verschwunden ist die Transparenz des Tages.
Wolkentürme wachsen im Westen
und es ist das Rot des Sonnenballs
das den Gedanken des Zyklischen
aufrechterhält: das Einverständnis
dass Tag und Nacht, Hell und Dunkel
unser Leben bestimmen.

Paul Klee
Abend im Tal
1932

Hinter der Horizont-Hieroglyphe
versinkt die Helligkeit des Tages.
Dunkel stehen die Hügelkuppen.
Wenige Lichter spiegeln sich
auf den Feldern, umfangen von
blauen Schatten. Wenige
Linien schaffen Struktur.

Stadtlandschaften –
Zeilen eines Briefes an den Mond

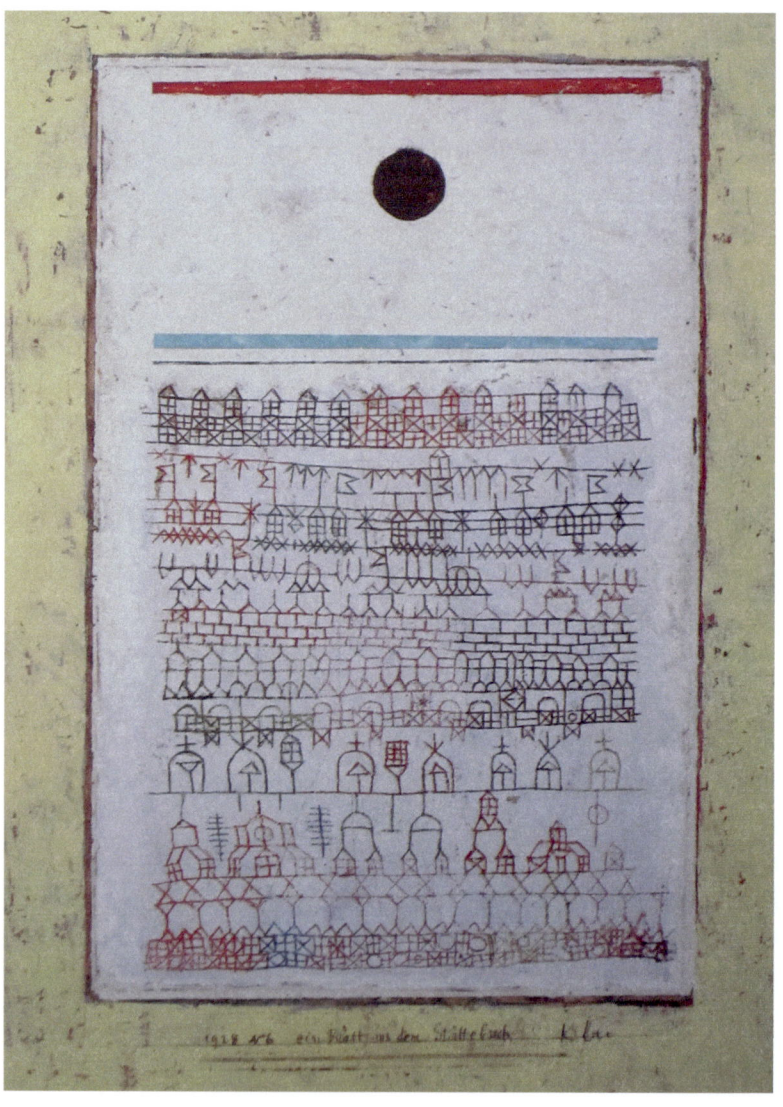

Paul Klee
Ein Blatt aus dem Städtebuch
1928, 46

Was ist eine Stadt?
Kalligraphische Zeichen
wie Perlen auf Fäden gereiht –
gefüllte Zeilen eines Briefes
an den schwarzen Mond.
Buchstaben dicht gedrängt
in rudimentärer Verkürzung
zur Metapher verknappt.

Stadtbesichtung angemahnt
denn der runde Mond könnte
als Öse an einem Nagel befestigt
auflisten, was es zu besichtigen gilt –
Straßenzeilen mit kalligraphisch
aufgezeichneten Texten
den Menschen betreffend.

Paul Klee
betroffene Stadt
1936

In rotbraune Erde geritzt
erhebt sich eine Stadt
deren Zerstörung sich vollzieht.
Verbrannte Erde - die zeichenhaften
Figurationen sind in sich zerfallen
aufgeraut, zerborsten.
Noch vor dem großen Krieg
geht dem Maler der Albtraum
buchstäblich unter die Haut.

Paul Klee
Revolution des Viaduktes
1937

Als habe die akkurate Ordnung
sich selbst überlebt
als hätten die einzelnen Bögen
Füße bekommen
tanzten aus der Reihe
in eine neue Formation
frei jeglichen Zweckes
nur der Harmonie
freier Klänge
gehorchend.

Paul Klee
Das gelbe Haus
1914, 26

der gelbe Punkt
in farbige Wände
gepresst
eingedunkelt
angefeuert
Muster
auf ihrem Sosein
beharrend
Linien
zum Himmel
zur Erde
und dieses reine Rot
dieses Himmelmeerblau
die dich hinführen
zur Nabe
wo du dich findest

1914 26 Das gelbe Haus

Paul Klee
Das gelbe Haus
1914, 26
und
August Macke
Das helle Haus II
1914

der eine haucht
mit leichter Hand
die lichte Farbe
auf Haus und Park
legt Kindheitsschleier
über eine Märchenwelt

der andre setzt
dies Sein
in eine Enge
die auch die Dunkelheit
nicht scheut
als dränge sich
die Farbe hier
aus einer Tiefe, die
der reinen Welt des Lichts
zu widersprechen scheint:
Zypressenschwermut
Lichtgewitter
Himmelsspiegelblau.

Ägypten – Legende vom Nil

Paul Klee
Gestirne über dem Tempel
1922

Eine grüntonige Nacht
in der Farbe von Koniferen, die
in Stufen hinaufsteigt zu den Gestirnen
die sich dunkel abzeichnen. Dagegen verweisen
grün und orange schimmernde Rechtecke
auf die Transparenz eines taghellen Raumes.
Eine Umkehrung, die nicht ins Gewicht fällt
denn der Tempel ist Zumutung einer Transzendenz.

Paul Klee
Eros
1923

Die goldene Spitze der Pyramide
empfängt das Gold der Sonne
die unsere Erde wärmt
und ernährt. Und so glaubten sie
damals, dass der Sonnengott
sich an ihrer Spitze mit dem Gold
vermähle, um den Bund der Götter
mit den Menschen zu bewahren.
Und warum sollte die Liebe
des Menschen nicht auch als
Berührung begriffen werden?

58

Paul Klee
Monument an der Grenze des Fruchtlandes
1929, 40

Unmittelbar grenzt
die Wüste ans Fruchtland
und der Tempel hinter den Palmen
spricht von den Taten des großen Pharaos.
Der junge Wirt erzählt auf dem Dach seines Hauses
Geschichten aus seinem Leben, die das Heroische
der Menschen von heute vor dem Gigantischen
der Vorzeit ins Licht rücken. Am Rande des
                                                    Fruchtlands
zu leben, bedeutet das schon, dass er gefunden
habe *ein reines, verhaltenes, schmales
Menschliches zwischen Strom und Gestein*[*]?

[*]R.M.Rilke, Duineser Elegien. Die zweite Elegie. Januar / Februar 1912

Paul Klee
Denkmäler bei G.
1929

Als hätte er die Farbigkeit der Wüste
in ihre Bestandteile zerlegt und
in Streifen unterschiedlicher Dichte
angeordnet und diesen Teppich gestaltet
unter Zuhilfenahme von Diagonalen
die in spitzen und stumpfen Winkeln
in den Wüstenteppich einbrechen
und den Fluss der Farben aufhalten
um hinzuweisen auf diese, alles menschliche
Maß übersteigenden Monumente.
Zeichenhaft die Palmen am unteren Rand
und der Mensch als Pfeilspitze
aufrecht und ehrfürchtig
in innerlicher Verbeugung.

Paul Klee
Felsenkammer
1929, 123

Das schwarze Rechteck ist
eingeschnitten in die Felsschichten
die Lineaturen der Erde
wo sich eine geologische Schrift
kalligraphisch abzeichnet.
Es sind Felsengräber des Adels -
Namen und Status der Bestatteten
haben sich im Inneren erhalten.
Sie knien und opfern und
verrichten die Tätigkeiten
des Alltags und glauben
offenbar an eine Kontinuität
eines solchen Lebens
in einem entsprechend
ausgestatteten Jenseits.

62

Paul Klee
Legende vom Nil
1937

Das Boot trägt den Menschen
über die Flut, die zweischneidig
Heil und Verderben - und in Ägypten
den Rhythmus des Lebens
des Überlebens bestimmte.
Eine Zeichensprache für Uferlandschaft
und Fluss ins Hellblau des Wassers
ins Grün des Fruchtlands gesetzt.
Die Magie der schwebenden Zeichen
schafft eine Welt hinter der sichtbaren
und gibt ihr eine gültige Gestalt.

Paul Klee
Ad Parnassum
1932

Die Pyramide als Zeichen
für den Berg, den Urhügel
der Menschheit. Das Land,
das sich scheidet vom Wasser.
Die Spitze des Berges wird
als Nähe des Göttlichen empfunden,
als Umschreibung des Laufs der Sonne,
die die Erde fruchtbar macht
und den Ablauf der Zeit bestimmt.
Die Pyramide als Grabstätte,
als Tor zum Jenseits. Lebhafte Bezüge
verbergen sich hinter diesen Chiffren.

Paul Klee und das Alte Ägypten

Wie es doch dem Maler gelingt
den subjektiven Blick aufs Detail
zu verlassen, um eine umfassend
wahrhafte Schau zu gewähren
den Raum aus dem Nacheinander
der Blicke zu lösen und
eine ganzheitliche Perspektive
zu schaffen: das Gleichzeitige
des Ungleichzeitigen darzustellen
das Bild hinter dem Augenblick.

Paul Klee
Zerstörtes Ägypten
1924

Zeichen zerfließen
auf dem feuchten Papier.
Linien verlieren ihre Struktur.
Haltlosigkeit breitet sich aus.
Sinn verflüchtigt sich: man muss
sich einrichten mit einer
eingeschränkten Lesbarkeit.
Die fehlerhafte Aneignung vergangener
Welten ist unvermeidlich und kommt
im günstigsten Falle dem Versuch
einer eigenwilligen Rekonstruktion gleich
einem Sich-Einfühlen ins Gewesene
so dass ein wie oft auch immer neu
verknoteter Faden die Verbindung hält.

Ägypten

Jenseits der Pyramiden
versinkt die Wüste im Dunst.
Du aber stellst dich dem Blick
des ins Riesenhafte gesteigerten
menschlichen Antlitz, das wortlos
die Frage nach dem Menschsein erhebt,
dem Woher und Wohin, nach der Ordnung der
                                        Welt,
die in Steinmalen und Tempelwänden
antizipiert wird. Bilder mutieren zu Zeichen,
zu mythischen Chiffren dessen,
was wir nicht wissen können.
Und doch harren wir
auf Antwort.

Schrift – Metaphern des Lebens

Paul Klee
ABC für Wandmaler
1938

Völlig ungeordnet
schwimmen die Buchstaben
auf farbigen Inseln.
Anziehung und Abstoßung
erscheinen möglich.
So bilden sich Strukturen
und Worte werden zu Texten
und so gesellt sich das Ich zum Du.

Paul Klee
Structural I
1924, 125

Linear gestrickte Muster
von farbigem Patchwork
unterlegt. Ein Teppich mit
Störfaktoren wie von einem
Kind geknüpft, das Maschen
fallen ließ und Unordnung
in das Gewebe brachte
und es gleichzeitig mit Licht
und Schatten zum Abbild
wahren Lebens erschuf.

Paul Klee
Geheime Schriftzeichen
1937

Magische Zeichen, schwer lesbare Chiffren –
ein rhythmisches Sich-Ergießen, Zerfließen
ein Stocken, ein drohender Bruch –
harmonisches Miteinander
auseinander klaffende Disharmonie –
dennoch erwächst eine Anmutung
von Figuration, eine subjektive Verbindung
zum eigenen Lebensvollzug – diese Mischung
aus Wiedererkennen und einem Umkreisen
von dinghaftem Erinnern: die Boote, die Wellen
am Ufer das Kind, das ich war und du.

Paul Klee
Zerstörtes Labyrinth
1939

Zeichen im Werden
auf rotem Grund.
Schwimmende Amöben
auf der Petrischale.
Auf dem Weg vom Einzeller
zum komplexen Wesen
müssen Verbindungen
eingegangen werden.

Paul Klee
Junge Pflanzung
1929, 98

Landschaft aufgezeichnet
in Registern - eine farbige Lineatur
aus bildhaften Zeichen: Kürzel
für Bäume, Büsche und alles
in eine Ordnung gebracht.
Doch genaueres Hinschauen
lässt Regelwidriges erkennen
Einbrüche von Schicksal
den Zufall, des Lebens Chance
und Abgrund. Und doch
erscheint das große Ganze
als wunderbare Schöpfung:
Il faut cultiver notre jardin.

Paul Klee
Einst dem Grau der Nacht enttaucht ...
1918, 17

Buchstaben farbig sehen
den Formen einen Klang zuordnen
spielen mit Farben und figurativen
Anmutungen - Klangspiele
Melodien Harmonien
Kontraste entwickeln
in den Buchstaben Figuren
verwahren und Stimmungen
heraufbeschwören –
und all dies durch die
in Farbe getauchte Form.

Paul Klee
Geheime Schriftzeichen
1937

Auch das Alphabet
kann nicht verhindern
dass der Text sich verflüchtigt
ins Figurative umschlägt
dass am Ende eine neue
Botschaft entsteht.

Metaphern des Lebens

aus Bildern Zeichen
aus Armen, Beinen
aus Gesten eine Linie
aus dem Faltenwurf
eine Welle
aus der Sonne ein Kreis
und das *memento* von
farbigen Flächen

Bild-Zeichen
eine Verknappung
eine Verdichtung
die Kondensation
einer Struktur
das *plot* einer *story*
Bild-Zeichen
Metaphern des Lebens –
nennen wir das Abstraktion?

Das Kind – eine werdende Landschaft

Paul Klee
Der gefundene Ausweg
1935

Der gefundene
Ausweg - offene Arme
werden zu Flügeln.

(Haiku)

Paul Klee, Büste eines Kindes, 1933, 380

Wäre es ein Gesicht
ohne die zwei kleinen Kreise
und die fast ebenso kleinen
in etwa parallelen Linien
und wäre es ein Kind
wenn Kopf und Schultern
nicht im Runden ruhten?
Was geschieht dem Kind?
Hieroglyphisch voneinander
durch Linien in Flächen getrennt
das Gesicht in scheinbar
zufällige Teile gefaltet
in denen sich Gefühle, Gedanken
komplexer unausgesprochener Natur
andeuten – verletzlich und doch
in sich eins, verkörpert das Bild
das Kindsein als solches.

80

Paul Klee
werdende Landschaft
1928, 148

Noch ist alles im Werden
noch ist alles ein Spiel
ein Kreisen um die Nabe
die unauffällig alles bewegt –
ein buntes Land –
noch scheinen Himmel und Erde
im Reinen, doch kommt es
zu Verdichtungen, Verlagerungen
und bald wird dieses kleine Wesen
die Dinge zu ordnen lernen
und die Erde unten
das Himmelblau oben verorten
und das Ich wird heranwachsen
aus diesem Zellklumpen
zu einer unverwechselbaren Identität.

Paul Klee
Wachstum regt sich
1938

Zeichen
noch unfertig
und unverbunden
das Ding im Werden.
Wachstum ist angesagt
und die unendlich erscheinenden
Möglichkeiten beginnenden Lebens.

Paul Klee
Hilferuf
1932, 130

Das kleine Mädchen
fürchtet sich vor dem Hund.
Gleich wird es die Balance
verlieren. Die Angst lähmt
übersteigt bei weitem
die Ursache, die objektiv
klein erscheint. Für das Kind
erscheint die Situation
ausweglos. Ausgesetzt
und allein gelassen
in den Klauen seiner Angst
wird es zu Boden fallen.
Wer hilft ihm auf?

Paul Klee
Schande
1933, 15

Schäm dich
wurde dem kleinen Mädchen
befohlen, zurückgestoßen
eingepfercht in einen
ständig enger werdenden Raum
fehlt ihm die Luft zum Atmen —
und während die Zeit läuft
stockt das Leben
droht das Mädchen
zu verhungern.

Paul Klee
Angstausbruch (III)
1939

Angst als Auseinanderfallen
der Gestalt, erlebt als Verlust
der Identität. Farblosigkeit
der inneren und Entsetzen
gegenüber der äußeren Welt.
Allein die von Schrecken
geweiteten Augen
halten dem Leben Stand.

Paul Klee,
Grausames Erlebnis
1933, 51

Überwältigt
zu Boden geworfen
auf den Knien flehend
die kindlichen Beinchen
die machtlos fallenden Arme –
Gewalt ist im Vollzug
eine blutige Schlacht –
wie sich davon
erheben?

Paul Klee, Der Schlüssel
(Zerbrochener Schlüssel)
1938, 136

Der zerbrochene
Schlüssel öffnet die Tür nicht –
du bleibst unbehaust.

(Haiku)

1939 J K 10   Mädchen in Trauer

86

Paul Klee
Mädchen in Trauer
1939

Die Trauer
des Mädchens
manifestiert sich
in den schwarzen Linien.
Trauerränder scheinen es einzufassen.
Noch sind ihm keine Flügel gewachsen
noch blicken die Augen aus schwarzen Höhlen
in vergangene Schrecken. Noch ist der Blick
gebunden, gefesselt durch unsichtbare Bande.
Doch erlauben der helle Grund und die jungen
                                                    Jahre
Hoffnung auf tragende Schwingen.

Paul Klee
Der gefundene Ausweg
1935

Als hätten sie die Öffnung
des Pentagramms gefunden
so schreiten die Kinder sicher
wie Seiltänzer ins Freie
während der große Mensch
in der Welt gefangen
sich um einen Ausweg müht –
nur Linien erzählen
eine alltägliche Geschichte
wie die Kerker eines Piranesi
sich dem Kinde verwandeln
in ein lichtes Labyrinth.

Engel

Er ist ganz Auge und
gebettet in die Flügel
der großen Hoffnung.

Engel voller Hoffnung,
1939, 892

90

Paul Klee: Versuch einer Annäherung

Es wird der Körper zum Flügel
die Hand zum Fühler
eine Reduktion auf die blaue Feder

als passe sich der Flügel
der Erde an, als tasteten
fühlende Hände nach dir
federleicht und erdenschwer
steht der Engel im Raum
schaut dich an.

sowohl - als auch

Sie lachen
und sie weinen
als könnten sie sich nicht
für eines von beidem entscheiden
sie laufen und bewegen sich
doch auf der Stelle –
sie gehen in die Tiefe
und tasten sich
an der Oberfläche entlang –
sturmerprobt
hält sich die Blume
im Garten
der wuchernd
eine Ordnung erahnt.

Menschen wie Blumen
wie Tiere haben Gesichter
sind Teil des Gartens
schwankend wie sie
zwischen Plan
und planlos

es wäre möglich
dass Paul Klee das wollte:
den Engel und den Traum
binden an die Welt –
verbinden mit den Dingen
anbinden an das Sichtbare –
den Menschen mit Allem
verschmelzen.

Zu den Engeln Paul Klees

Die Linie, die fortschreitend
der Figuration des Engels
entgegenwächst, der sich
seiner Flügel zunächst
kaum bewusst, weinend
in sich versinkt
die niedergeschlagenen Augen
voller Sanftmut hebt und
hoffnungsvoll
schließlich
die Flügel weitet.

Zu Paul Klee
Nochmals hoffend
1939, 1003

Nochmals hoffend
auf blaugrünem Grund
zwischen Himmel und Erde
der Mensch
der Engel eine Hieroglyphe
in seiner Polarität
offenen Auges
der Mund
dem Unsagbaren verpflichtet
schweigt
eine Wendung
aus der irdischen Begrenzung
ins kosmisch Runde
des Weltenraums:
das Blau der Hoffnung.

(Bild auf S.90)

Klees Engel zwischen
federleicht und erdenschwer —
Rilkes Anrufung

Wo Klee und Rilke, der Maler und der Dichter
auf verwandten Pfaden wandeln
auf angrenzenden Feldern ackern
Zeichen setzen, sich mühen
ein Alphabet zu finden
das sich auf das Unsichtbare beriefe
auf die Strukturen hinter dem Abbild:
Chiffren setzen für das Unaussprechliche
Bilder, die auf das Unsagbare verweisen
in Hieroglyphen, heiligen Zeichen
in der Anrufung der Engel
eine Annäherung an den Weltinnenraum
erahnen lassen, und dennoch
keine Eindeutigkeit, keine Fixierung
keine falschen Gewissheiten verbreitend
wohl aber einen Ausdruck finden
für die Zeitlosigkeit der Räume.

Bis zu den Sternen sehen, Tiefe erfahren
Klees Engel sind auf dem Weg dahin
doch haben sie noch immer
menschliche Konturen
sie sind auf der Schwelle
mehr oder weniger fortgeschritten.
Das Wort evoziert das Bild.
Klees Linie gibt dem Engel
Gestalt, er ist auf dem Weg.
Die Farbe öffnet den Raum.
Die Linie ist Bewegung, ist Suche.

Rilkes Anrufungen gehören dem Engel
der sich dem Menschen entzieht
einer anderen Welt angehört
wo der Raum die Zeit verdrängt hat –
Vergangenheit und Zukunft zusammenfallen
in einer ewigen Gleichzeitigkeit.
Unerhört bleibt die Sehnsucht des Menschen
des Dichters nach einer kosmischen Ganzheit
nach einem Sichtbarwerden durch Verwandlung.

Paul Klees späte Engel (Haikus)

1939 8 0 13 altkluger Engel

Altkluger Engel, 1939, 873

Altkluger Engel -
als wüsstest du die Antwort
und weißt sie doch nicht.

Unfertiger Engel,1939, 841

Ein Engel, doch nicht
bereit - musst Federn lassen,
Flügel entwirren.

Zweifelnder Engel, 1940, 341

Engel von Zweifel
zerschnitten - harte Kanten
noch fehlt das Runde.

Ohne Titel, (Koketter Engel mit Locken), um 1939

Koketterie macht
ihn nicht besser den Engel
mit lockigem Haar.

Engel, noch hässlich, 1940, 26

Der Engel hat sich
noch nicht gefunden - suchen
doch seine Hände.

Schellen-Engel, 1939, 966

Ein Blick zurück
und vorwärts geht es - freudig
zu neuen Zielen.

Engel im Kindergarten, 1939, 968

Spanielohren
und der Daumen am Munde:
kindlich das Gemüt.

Der Fels der Engel, 1939, 847

Der Fels der Engel - liegt
darin nicht ein Widerspruch?
Steine mit Flügeln?

Engel im Boot, 1939, 881

Wasser ist nicht sein
Element - um Charon zu
sein, muss er üben.

Vergesslicher Engel, 1939, 880

Erinnert sich nicht,
der Engel - Hände ringend
mit gesenktem Blick.

Statt Beinen Flügel, 1939, 887

Statt Beinen Flügel –
da muss er sich gewöhnen
an den neuen Gang.

Engel, noch tastend, 1939, 1193

Ein Engel fast blind -
seine erhobene Hand
tastet nach Wahrheit.

Engel vom Stern, 1939, 1050

Der Engel im Licht
des Sterns - angekommen nach
der Mühsal des Wegs.

Es weint, 1939, 959

In sich versunken
weint es aus ihm - aller Schmerz
des Menschenlebens.

Engel voller Hoffnung, 1939, 892

Er ist ganz Auge und
gebettet in die Flügel
der großen Hoffnung.

Ingeborg Bauer

Studium der Germanistik und Anglistik. Nach dem Staatsexamen als Studienrätin tätig.
Volkshochschuldozentin in Esslingen (Englische Konversationskurse mit Schwerpunkt „Englischsprachige Literatur der Gegenwart"). Freiberufliche Mitarbeit in einer Galerie für zeitgenössische Kunst, Vernissagen, Texte für Kataloge.

Veröffentlichungen u.a.:

- „Mental Maps" - Lyrik und Kurzprosa (2003)
  ISBN 3-89906-447-X   € 4,80
- „Das Blau des Himmels aber birgt den Engel"
  - Lyrik (2004)
  ISBN 3-899906-795-9   € 7,80
- „Traumverwandt die Schatten der Dinge" -
  Lyrik und essayistische Prosa (2005)
  ISBN 3-89906-597-2   € 8,80
- „Sommerschwer die Vogelbeerdolden" -
  Lyrik (2005)
  ISBN 3-899906-596-4   € 8,80
- „Die Melodie des Ölbaums und der Palme" –
  Reisen in den Maghreb" (2007)
  ISBN 978-3-8334-6807-0   € 11,80
- „Am blauen Rand Europas - Inseln im östlichen Mittelmeer" - Lyrik (2008)
  ISBN 978-3-8379-5744-4 € 11,90

- „Ägyptischer Bilderbogen - Tagebuch einer Ägyptenreise" (2009)
  ISBN 978-3-8370-8722-2   € 25,00
- „Es streift eine dunkle Flöte" (2010)
  ISBN 978-3-8391-4233-2   € 14,80
- „Annette von Droste-Hülshoff - eine Annäherung" (2010)
  ISBN 978-3-8391-4670-5   € 14,80
- „Von Wald, Wasser und Wind
  und einer bewegenden Geschichte
  Polen - Baltikum - St. Petersburg" (2011)
  ISBN 978-3-8423-4030-5   €35,90
- „Im Bannkreis Venedigs - Venedig - Kroatien - Korfu" (2011) ISBN 978-3-8423-5850-8   € 24,90